PARAS
11e DIVISION PARACHUTISTE
FRENCH PARATROOPS TODAY

TEXTE ET PHOTOS
Text and photos by

Yves DEBAY

Translated by Martin Windrow

HISTOIRE ET COLLECTIONS — PARIS
WINDROW & GREENE PUBLISHING LTD — LONDON

PARAS

Ils n'ont connu ni les rizières, ni le djebel.

De nos jours, lorsqu'ils sont à l'étranger, leur mission ne leur permet pas toujours de riposter.

Les temps changent ... Les paras ne changent pas.

Courageux, désintéressés et durs à la tâche, ils sont toujours là.

Ce livre leur est dédié.

Y.D.

A 300 m d'altitude, le Transall vient de larguer un stick du 1er RCP. Dans quelques instants, ce sera le rude atterrissage.

A 'stick' from the 1st Para-Chasseurs Regt. jump from a Transall at 900 feet: in a few seconds the ground will rush up to meet them.

2

DE FRANCE

Depuis la fin de la Seconde Guerre mondiale, nos parachutistes n'ont guère connu de repos. Toujours en pointe au combat, ils ont créé leur propre légende. Ce fut d'abord l'héroïque guerre d'Indochine à un contre dix, puis les amères victoires d'Algérie, le Tchad, Kolwezi et, plus près de nous, le Liban avec cette main crispée sortant des gravats de "Drakkar".

Partout, les Paras de France ont transcendé leur légende.

La Division

Nos paras ne sont "endivisionnés" que depuis un quart de siècle. C'est en 1956 que sont créées les 10e et 25e Divisions Parachutistes, respectivement aux ordres du général Massu et du colonel Sauvagnac.

Dissoutes le 30 avril 1961, elles donnent naissance le lendemain à la 11e Division Légère d'Intervention. Le 1er décembre 1963, la 11e DLI devient 11e Division d'Intervention après absorption de la 9e Brigade à vocation amphibie créée à Saint-Malo.

Le 1er avril 1971, la Division subit à nouveau une profonde transformation; elle devient 11e Division Parachutiste et comprend désormais un état-major, des éléments organiques divisionnaires et deux brigades, les 1ere et 2e Brigades Parachutistes.

Ces dernières années, les structures de la 11e Division Parachutiste connaissent une évolution permanente sous les effets conjugués de l'adaptation aux exigences de la Force d'Action Rapide (FAR) et des mesures de réorganisation de l'Armée de Terre.

En 1977, la 11e DP fusionne avec la 44e Division Militaire Territoriale correspondant à la région Midi-Pyrénées. Deux ans plus tard, les deux brigades sont dissoutes pour créer le Groupement Aéroporté (GAP). A partir de 1983, la 11e DP devient l'une des grandes unités de la FAR.

France's paratroopers have seen more active service than any other branch of her army since 1945. They built a legend in Indochina, 1946-54, fighting at odds of one to ten; and won bitter victories in Algeria, 1954-62. In the past decade they have been thrust into harm's way at Kolwezi, in Chad and in the Lebanon.

The current airborne formation is the 11th Parachute Division, mainly based in south-west France. Born out of a progressive series of re-organisations in April 1971, the division currently comprises a headquarters, various organic divisional units, the Airborne Group (GAP), and a number of autonomous units. This organisation is dictated by the needs of France's 'Rapid Action Force' (FAR).

Le propre du parachutiste est, par définition, d'être parachutable. La spécificité de la Division est donc sa capacité à agir dans la troisième dimension et, en cela, elle est unique en France.

Parachutage, aérotransport d'assaut et héliportage de combat sont le lot quotidien du Béret Rouge.

Cependant, depuis la fin de la Seconde Guerre mondiale, les grosses opérations aéroportées sur des objectifs protégés, trop coûteuses en hommes, ne sont plus concevables. Seule une unité de la taille d'un bataillon pourrait éventuellement être larguée pour "saisir et tenir" un point stratégique, ou pour effectuer un raid sur les arrières ennemis. Par contre, l'aérotransport et l'héliportage donnent à la Division sa caractéristique principale, la rapidité.

Cette aptitude à être engagée rapidement est soigneusement entretenue par un système d'alerte, et garantie par la souplesse des structures de la Division : bouclages de sac et alerte en pleine nuit, les paras connaissent ! La 11e DP fait d'ailleurs partie de l'échelon d'urgence de la FAR avec la 4e Division Aéromobile et la 6e Division Légère Blindée.

►
Lors de l'exercice Frégate en 1988, les légionnaires-paras du 2e REP embarquent à Toulouse-Francazal.
Foreign Legion paras of the 2nd Foreign Para. Regt. prepare to emplane at Toulouse/Francazal during Operation 'Frégate', 1988.

Insigne de bras en tissu de la 11e Division Parachutiste.
The shoulder-patch of the 11th Para Div.

The 11th Para Div. is trained and equipped to a high standard in parachute, assault air insertion, and helicopter techniques. The classic World War 2 massed parachute jump by whole divisions against strongly defended areas is now a thing of the past. But the multiple skills and resources of the modern airborne division offer maximum rapidity and flexibility of response.

The 'red berets' of the 11th Para Div. are all too familiar with the order to turn out, with full packs, in the middle of the night. With the 4th Airmobile and 6th Light Armoured Divisions, they form the FAR's 'immediate alert' echelon.

LA 11e DIVISION PARACHUTISTE

ORGANIGRAMME ET INSIGNES

EM GAP
HQ, AIRBORNE GROUP

EM DIVISION
DIVISIONAL HQ

2ᵉ REP

35ᵉ RAP

3ᵉ RPIMa

8ᵉ RPIMa

7ᵉ RPCS

14ᵉ RP

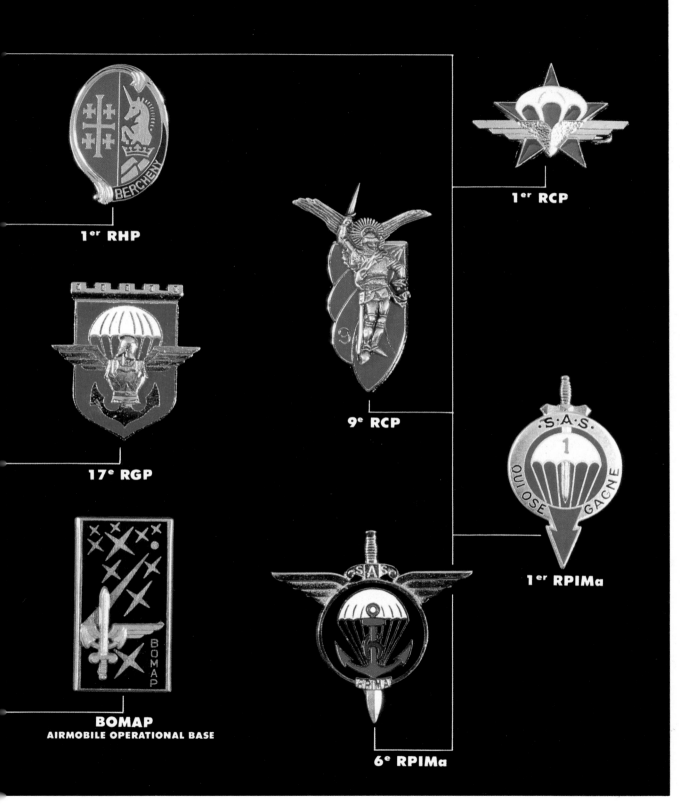

1er RHP

17e RGP

BOMAP
AIRMOBILE OPERATIONAL BASE

9e RCP

6e RPIMa

1er RCP

1er RPIMa

LES HOMMES

◄ **Des appelés du 6ᵉ RPIMa défilent en chantant. La motivation et l'esprit de corps sont les "moteurs" de l'efficacité des Troupes Aéroportées.**

National service conscripts of the 6th Marine Para-Inf. Regt. sing as they march past: high motivation and unit pride are the engines which drive the airborne troops.

La Division comprend 14 000 hommes répartis dans 13 régiments. Elle compte 65 % d'engagés et 35 % d'appelés, volontaires pour servir dans les troupes aéroportées. Avec ses cadres, la Division aligne 9 000 professionnels dont beaucoup, contrairement aux autres armées européennes exceptée la Grande-Bretagne, ont connu l'épreuve du feu.

APPELÉS OU ENGAGÉS, TOUS SPÉCIALISTES

◄ **La cohésion de la Division repose sur l'expérience des cadres hautement professionnalisés. Ici, un sous-officier du 1ᵉʳ RCP lors de l'exercice Galia 88.**

The regulars and conscripts alike are all specialists. (Left). A highly experienced professional NCO of the 1st Para-Chasseur Regt. photographed during Operation 'Galia 88'.

▲ **Comme toute grande unité de combat moderne, la 11ᵉ DP dispose de soldats sachant utiliser les moyens techniques les plus sophistiqués. Un spécialiste transmissions du 1ᵉʳ RCP opère avec un système de transmissions RITA.**

(Above). A signals specialist of the 1st Para-Chasseurs operates the RITA communications system.

THE MEN

The division has a strength of 14,000 men in 13 regiments. About 65 % are regulars, and 35 % conscripts who volunteer to do their national service with the paras. The 9,000-strong regular 'backbone' of the division includes many soldiers who have seen active service — an advantage shared, in Europe, only by the British Army.

L'aéromobilité est l'une des clefs de la souplesse d'intervention des paras. Aussi ceux-ci effectuent en permanence des exercices avec les hélicoptères de l'ALAT. Ici, un Puma va embarquer une équipe antichars lors de Galia 88 en Andalousie (Espagne).

Airmobility is one of the keys to the paras' ability to intervene flexibly. Here a Puma helicopter of the Army Light Aviation branch comes in to pick up an anti-tank team during Operation 'Galia 88' in Andalusia, Spain.

►

Le combat antichars en Centre-Europe est une des raisons d'être de la Division. Une des deux sections Milan de la Compagnie d'Eclairage et d'Appui du 1er RCP opère ici dans un camp de Champagne.

One of the two Milan anti-tank missile sections of the Recce & Support co., 1st Para-Chasseurs Regt.

THE TASKS

In the scenario of a Central European war the 11th Para Div. would not be tasked to hold a sector of the main front line against armoured and motorised enemies : given its light organisation, that would be to throw a valuable asset away pointlessly.

But the Division is perfectly adapted for lightning flank attacks. As part of the FAR, it would fulfill its missions either in Europe or overseas; if the former, it would operate either under 1st French Army or independently. The paras are particularly suited to two types of mission: anti-tank warfare in broken or built-up terrain; and the defence of designated key points.

LES MISSIONS

De par sa légèreté, la 11e DP ne peut être engagée pour tenir une ligne de front contre un adversaire blindé ou motorisé. Ce serait gaspiller son potentiel dans un combat perdu à l'avance. Par contre, la Division Parachutiste est l'unité parfaitement adaptée aux opérations "coup de poing" sur les flancs. Dépendant de la FAR, elle remplit ses missions sur le théâtre européen ou outre-mer.

Dans le secteur centre-Europe, la 11e

CENTRE-EUROPE

DP pourrait être engagée au profit de la 1ere Armée ou de façon autonome. Deux types de missions seraient alors plus particulièrement confiées aux Bérets Rouges :
— le combat antichars en terrain difficile ou zone urbaine;
— la défense ferme de points clés.

◄
En secteur Centre-Europe, les paras seraient appelés à combattre en milieu urbain, spécialement en Allemagne de l'Ouest.

In a Central European war the paras would be committed to street-fighting, particularly in West Germany.

OUTRE-MER

OVERSEAS

Overseas, the 11th Para Div. rotates units through French bases in the Antilles, the Indian Ocean and the Pacific; and stands ready to intervene at need in countries having bilateral defence agreements with France.

Outre-mer, la 11ᵉ DP fournit des éléments qui renforcent pour une durée variable les forces françaises prépositionnées aux Antilles, dans l'Océan Indien ou dans le Pacifique. La Division peut également intervenir avec tout ou partie de ses moyens dans les pays amis liés à la France par des accords de défense, ou sur n'importe quel théâtre d'opérations.

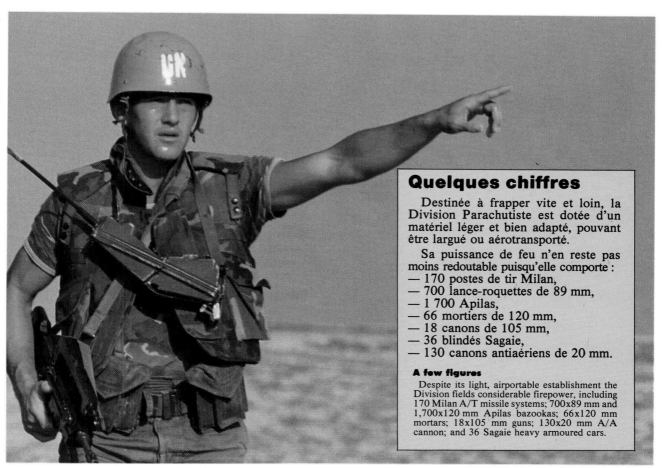

Quelques chiffres

Destinée à frapper vite et loin, la Division Parachutiste est dotée d'un matériel léger et bien adapté, pouvant être largué ou aérotransporté.

Sa puissance de feu n'en reste pas moins redoutable puisqu'elle comporte :
— 170 postes de tir Milan,
— 700 lance-roquettes de 89 mm,
— 1 700 Apilas,
— 66 mortiers de 120 mm,
— 18 canons de 105 mm,
— 36 blindés Sagaie,
— 130 canons antiaériens de 20 mm.

A few figures

Despite its light, airportable establishment the Division fields considerable firepower, including 170 Milan A/T missile systems; 700x89 mm and 1,700x120 mm Apilas bazookas; 66x120 mm mortars; 18x105 mm guns; 130x20 mm A/A cannon; and 36 Sagaie heavy armoured cars.

◄
Durant l'Opération Epervier, un véhicule blindé Sagaie du 1er RHP traverse Biltine avant de s'enfoncer dans le désert. (SIRPA).

Operation 'Epervier': a Sagaie heavy armoured car of the 1st Para-Hussars in Biltine, Chad. (SIRPA).

Beyrouth 1983. Au cœur de la capitale libanaise, sur la ligne de démarcation, les paras intégrés à la Force Multinationale ont pour mission de s'interposer entre les belligérants. Equipé d'un FR-F1, un para observe les mouvements de miliciens.

Beirut, 1983: paras serving with the Multi-National Force keep watch along the 'Green Line' between the areas occupied by the various armed factions. (SIRPA).

Paras du 8ᵉ RPIMa lors de l'Opération Epervier au Tchad. Les hommes ont troqué le béret rouge pour le casque lourd. Que ce soit dans les ruines de Beyrouth au Liban, dans les sierras de l'Andalousie ou les sables du désert, le para doit toujours s'adapter au terrain.

Paras of the 8th Marine Para Inf. Regt. in Chad during Operation 'Epervier', 1987; they have swapped their red berets for combat helmets. The paras have to adapt quickly to any terrain, from the ruins of Beirut to the mountains of Spain or the sands of Africa.

14

L'INFANTERIE PARACHUTISTE

Le parachutiste est avant tout un fantassin. Un fantassin d'élite bien sûr, et qui peut de plus se déployer grâce à la troisième dimension. Aussi la majeure partie des unités de la 11e DP sont-elles des régiments d'infanterie, tous semblables par leur structure. Ce sont : le 2e REP, le 1er et 9e RCP, les 1er, 3e, 6e et 8e RPIMa.

Les principales missions susceptibles d'être confiées à ces régiments sont les suivantes :
— opération de commando;
— renseignement et action sur les arrières ennemis;
— action dans la profondeur et saisie de points clés;
— combat antichars sur zone, avec ou sans imbrication avec d'autres unités;
— protection des intérêts nationaux;
— interposition pour faire respecter un cessez-le-feu.

PARACHUTE INFANTRY

The paratrooper is, at the end of the day, an infantryman, even if an elite one, and able to deploy in 'the third dimension'.

The infantry regiments, which have a common structure, form the bulk of the 11th Para Div.'s strength: the 2nd Foreign Paras, 1st and 9th Para-Chasseurs, and 1st, 3rd, 6th and 8th Marine Paras.

Any of these units may expect to be given missions ranging from commando operations, through deep-penetration recces or attacks behind enemy lines, to anti-tank combat as and where needed. They are available for any task broadly defined as the protection of national interests, including enforcement of cease-fires.

Marcher est une des grandes spécialités de l'infanterie, et les parachutistes sont des champions du "km ranger" ! Sur cette photo, les hommes du 8e RPIMa arpentent les routes allemandes lors de la fameuse manœuvre Moineau Hardi en 1987.

Le régiment d'infanterie parachutiste se compose de sept compagnies (cf tableau) : quatre de combat, une d'état-major et de soutien, une d'éclairage et d'appui, une d'entraînement.

La compagnie d'infanterie parachutiste s'articule autour de quatre sections de combat et d'une section de commandement. Dans cette dernière, on trouve deux mortiers de 81 mm, deux postes Milan et quelquefois deux canons de 20 mm.

Les sections de combat comprenant les voltigeurs de pointe comptent chacune trois groupes de combat, commandés par un sous-officier. Ces groupes de combat (comptant dix hommes avec leur chef) se décomposent en un groupe d'attaque qui, avec ses Famas et ses grenades à main, essaie d'accrocher l'ennemi au plus près, et un groupe de soutien qui, par ses tirs, force l'adversaire à baisser la tête.

COMPANY, PLATOON AND SQUAD

The parachute infantry regiment has seven companies (see diagram): one HQ and services, one recce and support, four rifle, and one training. The rifle company has four rifle platoons and an HQ platoon, the latter including two Milan A/T missile launchers, two 81 mm mortars, and often two 20 mm A/A cannon.

The rifle platoon has three 10-man squads each led by an NCO, and comprises a fire element and an assault element.

COMPAGNIE, SECTION ET GROUPE

Notre photo montre un groupe de combat du 3e RPIMa, tel qu'il pourrait être engagé lors d'une mission de patrouille en outre-mer. Les hommes sont tous équipés du fusil d'assaut standard FAMAS à l'exception du tireur LRAC et du tireur d'élite, ce dernier armé d'un FR-F1. Deux des soldats armés de FAMAS ont dans leur musette des grenades à fusil antichar ou antipersonnel. Le chef de groupe, un sergent (les jumelles autour du cou) est flanqué à sa droite du tireur d'élite.

A la gauche du chef de groupe, le caporal qui peut mener à l'attaque le groupe d'assaut ou remplacer le sergent si celui-ci est hors de combat. A genoux au centre, le tireur LRAC capable avec son engin d'endommager un char ou de détruire des abris en dur derrière lesquels se serait retranché l'adversaire. Tous les hommes sont de plus dotés d'une ou de plusieurs grenades offensives, défensives ou au phosphore. Sur la cuisse gauche, chacun porte le masque de protection ANP 51/53 dans son sac de transport. En cas de mission en Centre-Europe, notre groupe de combat serait probablement doté de quelques encombrants mais efficaces lance-roquettes consommables Apilas.

24

A combat squad from 3rd Marine Paras, equipped for patrol in an overseas theatre. All have the standard FAMAS rifle except the bazooka-man (89 mm LRAC, used for blasting enemy out of cover as well as for anti-tank fire), and the sniper (FR-F1 rifle). Two riflemen have pouches of anti-tank and anti-personnel rifle grenades, and all carry offensive, defensive, and/or phosphorus hand grenades. Left of the sniper is the sergeant, with binoculars; left of him is the corporal deputy squad leader. All have the ANP 51/53 respirator slung in its satchel on their left thighs. In the European theatre the squad would also carry several heavy but very effective 120 mm Apilas one-shot rocket launchers.

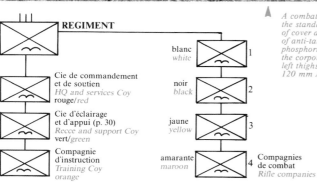

REGIMENT

Cie de commandement
et de soutien
HQ and services Coy
rouge/red

Cie d'éclairage
et d'appui (p. 30)
Recce and support Coy
vert/green

Compagnie
d'instruction
Training Coy
orange

blanc
white — 1

noir
black — 2

jaune
yellow — 3

amarante
maroon — 4   Compagnies
de combat
Rifle companies

Les couleurs indiquées sur le tableau sont celles correspondant
aux passants d'épaule sur la tenue de combat.

*Colours indicated in the diagram are those of the slip-on worn
on shoulder strap on the field dress.*

25

AA 52

Arme automatique modèle 52 en version fusil-mitrailleur. Cette arme collective en calibre 7,62 OTAN tirant à 900 coups/minute pèse 10,7 kg. Elle équipe, comme toute l'Armée Française, les unités de la 11e DP.

The 'automatic weapon model 1952', a general purpose machine gun here configured as the squad automatic. Calibre 7.62 mm NATO; 900 rpm; weight 23 lbs.

LES ARMES DES PARAS

THE WEAPONS

▼ FR-F1

Fusil de précision, lointain dérivé du MAS 36, il loge une balle de 7,5 mm dans une cible de 30 cm à 600 m et permet aux tireurs d'élite français de se classer parmi les premiers dans les concours militaires internationaux.

The sniper rifle is an advanced development of the old MAS 36 service rifle; it can put a 7.5 mm round through a 12 in. target at 660 yards, and has won French military marksmen many medals in international competition.

FAMAS

Fusil d'assaut en calibre 5,56 mm de l'Armée française. Une arme légère, robuste et compacte tirant des chargeurs de trente coups et une panoplie complète de grenades à fusil.

The French Army's 5.56 mm assault rifle; light, handy and robust, it takes 30-round magazines. It can also be used to project a range of rifle-grenades.

► **BROWNING DE 12,7 mm**

Mitrailleuse lourde Browning M2. Cette arme collective lourde est toujours présente dans les régiments paras. Sa puissance de feu lui assure une place importante au sein des unités.

BROWNING .50 CAL.

The classic Browning M2 heavy machine gun — 'Big 50' — is still used by support elements of the para units.

▲LANCE-ROQUETTES APILAS

Arrivé récemment à la Division, le lance-roquettes Apilas est l'outil des équipes de chasseurs de chars. D'un calibre de 120 mm, et ne servant qu'une seule fois, il ne laisse aucune chance au blindé touché. Sa portée est de 600 m.

APILAS ROCKET-LAUNCHER

A recent issue in the division, the Apilas rocket-launcher is the tool of the tank-killer team. A 'use once and throw away' weapon with a big 120 mm projectile and a range of over 600 yards, it is deadly to enemy tanks.

◄
LRAC DE 89 mm

Très puissant et précis jusqu'à 700 m, ce lance-roquettes peut être utilisé comme arme antichars à courte distance ou contre des abris en dur.

89 mm ROCKET-LAUNCHER

Accurate out to nearly 800 yards, the 89 mm rocket-launcher is effective against tanks at short range, and against enemy infantry positions.

MORTIER DE 81 mm

Assez peu employé sur le théâtre d'opérations Centre-Europe, le mortier de 81 mm peut rendre d'éminents services outre-mer. Il en existe deux à chaque section de commandement, dans les compagnies.

81 mm MORTAR

The 81 mm mortar is not much used in the European theatre, but gives good service overseas.

▼ ERYX

Actuellement en expérimentation, ici au 9ᵉ RCP, l'Eryx, le dernier né des lance-missiles, est une sorte de "mini-Milan" qui risque de bouleverser le combat antichars rapproché. D'une portée de 600 m, il peut être tiré à partir d'une pièce fermée.

Currently being trialled, here by 9th Para-Chasseurs, the ERYX is the latest addition to the anti-tank menu. Loosely described as a sort of 'mini-Milan', with a range of 600 yards, it could revolutionise short-range anti-tank defence.

LA COMPAGNIE D'ECLAIRAGE ET D'APPUI

Chaque régiment d'infanterie parachutiste dispose d'une compagnie de commandement (CCS) et d'une compagnie d'éclairage et d'appui (CEA). Avec cette dernière, le colonel peut faire la guerre : la section d'éclairage montée sur Jeep est les "yeux" du commandement, tandis que les canons de 20 mm, les mortiers de 120 mm et les Milan sont ses poings.

30

RECCE & SUPPORT COMPANY

The parachute infantry regiment has an HQ & Services Company (CCS), and a Recce & Support Company (CEA). This latter gives the regimental commander means to control and fight his battle beyond those of the conventional battalion. Its jeep-mounted scout platoon are his eyes; its 20 mm cannon, 120 mm wheeled mortars and Milan missiles, his fists.

▲ VBL

Ce véhicule blindé léger d'avant-garde est appelé à remplacer la Jeep au sein des pelotons antichars. Le VBL a été expérimenté en condition opérationnelle à Beyrouth. D'un poids de 3,5 t, cet engin amphibie peut atteindre 95 km/h.

The VBL is a light armoured amphibious vehicle, replacing the jeep in anti-tank sub-units; Beirut tested it under operational conditions. It weighs 3.5 tons, and has a top speed of 60 mph.

CANON AUTOMATIQUE DE 20 mm

Fabriqué par le GIAT et pouvant engager des cibles aériennes jusqu'à 2 000 m, il protège les PC et les points sensibles gardés par la Division. Il peut bien sûr être engagé contre des cibles terrestres.

Made by GIAT, the 20 mm cannon can engage aerial targets out to 2,000 yards, and also has a useful ground rôle. It protects command posts and vulnerable installations.

▼ MILAN

L'un des atouts de la Division, ce lance-missiles antichars d'un emploi très souple peut être servi par deux hommes qui se répartissent le fardeau d'une vingtaine de kilos. Avec une vitesse de 210 m/s, le Milan peut pulvériser un char à deux mille mètres.

One of the regiment's trump-cards is Milan, the anti-tank missile launcher system with a wide range of uses on the battlefield, apart from its primary ability to pulverise an MBT at 2,000 yards. Its two-man crew divide the total load of 45 lbs. between them.

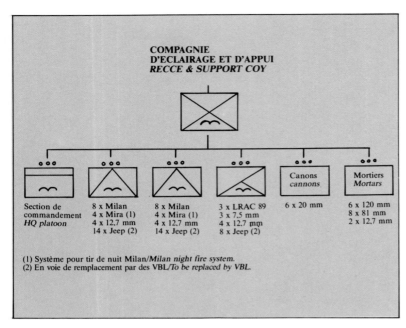

COMPAGNIE
D'ECLAIRAGE ET D'APPUI
RECCE & SUPPORT COY

| Section de commandement
HQ platoon | 8 x Milan
4 x Mira (1)
4 x 12,7 mm
14 x Jeep (2) | 8 x Milan
4 x Mira (1)
4 x 12,7 mm
14 x Jeep (2) | 3 x LRAC 89
3 x 7,5 mm
4 x 12,7 mm
8 x Jeep (2) | Canons
cannons
6 x 20 mm | Mortiers
Mortars
6 x 120 mm
8 x 81 mm
2 x 12,7 mm |

(1) Système pour tir de nuit Milan/*Milan night fire system.*
(2) En voie de remplacement par des VBL/*To be replaced by VBL.*

FARDIER LOHR

Ce petit véhicule aérotransportable et largable est capable d'emporter une équipe Milan ou des caisses de munitions. Véhicule 4 x 4 capable d'excellentes performances, c'est la "bonne à tout faire" du para.

This little 4x4 vehicle is the 'maid of all work' in the 11th Para Div.; air-transportable and parachutable, it can carry a Milan team, or ammunition resupply of all kinds.

MORTIER DE 120 mm

Véritable "artillerie de poche" des bataillons paras, il peut très rapidement être déployé par hélicoptère. D'une portée de 12 km, il est en service dans les compagnies d'appui mais aussi au 35ᵉ Régiment d'Artillerie Parachutiste.

The 120 mm wheeled heavy mortar is the real 'pocket artillery' of the para regiments, in service with support elements of the infantry units as well as the division's 35th Para-Artillery Regiment. It can be deployed rapidly by helicopter; and has a range of up to 7.5 miles.

692-0071

LES CHUTEURS OPERATIONNELS
COMMANDO SECTIONS

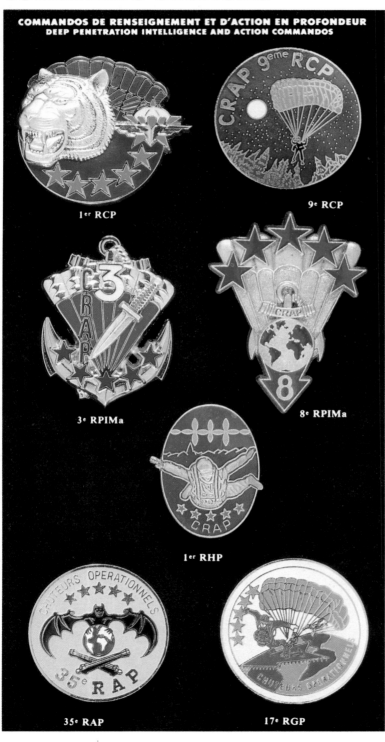

COMMANDOS DE RENSEIGNEMENT ET D'ACTION EN PROFONDEUR
DEEP PENETRATION INTELLIGENCE AND ACTION COMMANDOS

1er RCP

9e RCP

3e RPIMa

8e RPIMa

1er RHP

35e RAP

17e RGP

Les CRAP (Commando de Renseignement et d'Action en Profondeur) sont les "yeux" de la Division. Largués par petits groupes pour s'infiltrer derrière les lignes adverses, les CRAP sautent à très haute altitude et, après une chute contrôlée, commandent eux-mêmes l'ouverture de leur parachute. Soldats hautement professionnalisés, ils effectuent des missions de reconnaissance, de balisage et éventuellement de sabotage.

Chaque régiment de la 11e DP possède des CRAP (sauf les 7e et 14e RPCS) attachés à la CEA ou à la CCS. On compte en moyenne deux équipes CRAP par régiment.

The 'eyes' of the para division are the Deep Penetration Intelligence and Action Commandos. Each regiment (except the 7th and 14th Para Command & Services Regiments) has at least two commando teams attached to its Command & Services or Recce & Support Company.

Dropped in small groups to infiltrate far behind enemy lines, the commandos are masters of 'high altitude, low opening' (HALO) parachute techniques. These highly trained soldiers specialise in deep reconnaissance, path-finder and sabotage missions.

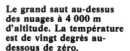

A la tombée de la nuit, un CRAP va se poser en douceur et avec une précision extrême grâce à son parachute modèle Olympic.

Graceful against a dusk sky, a commando manipulates his Olympic-type steerable parachute.

Le grand saut au-dessus des nuages à 4 000 m d'altitude. La température est de vingt degrés au-dessous de zéro.

The big jump — from above the clouds at 12,000 feet, where the temperature is 20ºC below zero.

AIRBORNE GROUP

Instant intervention, no matter where, is the mission of the GAP — the brigade which groups all the Division's regular para-infantry regiments: 5,000 crack paras of the 2nd Foreign, 3rd and 8th Marine Paras, supported by the 7th Para Command & Services Regiment, ready to emplane on Transalls or C-130s at the shortest notice. Almost all the 'Red Berets'' and 'Green Berets' have seen active service in Lebanon, Zaire, Chad or New Caledonia.

Départ en patrouille dans la région de Biltine, le 1er septembre 1983 durant l'Opération Manta, pour ces Jeeps d'une compagnie d'éclairage et d'appui du GAP.

1 September 1983, Operation 'Manta': jeeps of one of the GAP's Recce & Support Companies pull out of Biltine, Chad, on a desert patrol.

Chaque légionnaire est un cas bien particulier, aussi est-il illusoire de vouloir en dresser un portrait-robot, mais les statistiques nous en donnent une certaine image :
— âge moyen : 23 ans et six mois;
— niveau général moyen : 12;
— ancienneté de service : 3 ans;
— grade : caporal.

Plus de la moitié de l'effectif étant caporal, le régiment au combat peut constituer des binômes composés d'un gradé et d'un jeune légionnaire. Enfin, pour le pays d'origine : une des 51 nationalités du REP.

LE 2ᵉ REP
2ᵉ régiment étranger de parachutistes

Le 19 mai 1978, le 2ᵉ REP saute sur la ville minière de Kolwezi et entre dans la légende. Les légionnaires-parachutistes sauvent ainsi des dizaines d'otages, rétablissent par leur action un équilibre géopolitique menacé et donnent à la France un grand succès militaire contemporain. Isolés en territoire inconnu, les Bérets Verts ont su improviser et tirer parti du terrain. L'entraînement a fait le reste.

Le 2ᵉ REP est une unité bien particulière puisqu'elle allie la rigueur traditionnelle de la Légion à la souplesse d'emploi bien particulière des troupes aéroportées. Ses hommes sont d'ailleurs les seuls de la Division à porter le béret vert frappé de l'insigne des paras métropolitains, le fameux képi blanc étant bien sûr porté lors des gardes et pour les cérémonies.

Compte tenu de sa position géographique et de son degré de professionnalisme, le 2ᵉ REP est l'unité de toute première intervention de la Division et probablement de l'Armée Française. Toujours disponible, sans aucun délai, le 2ᵉ REP est apte à participer à toutes les missions de la Division. Sa structure est la même que celles des autres régiments parachutistes. Par contre, en plus de leur aptitude au combat aéroporté, les compagnies de combat du 2ᵉ REP sont spécialisées et

peuvent ainsi se voir confier une mission pilote au sein du Régiment. Leurs spécialités sont les suivantes :
— 1ᵉʳᵉ Cie : antichars, combat nocturne et en localités;
— 2ᵉ Cie : combat en montagne;
— 3ᵉ Cie : opération amphibie;
— 4ᵉ Cie : sabotage et tireurs d'élite.

Page 38 en haut :
tireur d'élite de la 4ᵉ
Compagnie du 2ᵉ REP
lors de l'exercice Frégate
88 dans le Périgord.

*P. 38 top: Sniper of 4th Co.;
Operation 'Frégate', Périgord,
1988.*

Page 38 en bas :
zone de saut brûlée par
le soleil à Djibouti. Le
REP détache en
permanence une
compagnie tournante sur
ce point stratégique.

*P. 38 bottom: Legion paras
on a broiling DZ in Djibouti,
where the regiment keeps
a rotating company at all
times.*

Page 39 en haut :
dans les Hautes-Alpes,
des légionnaires de la
Compagnie de Montagne
du 2ᵉ REP s'entraînent
au transport de blessés.

*P 39 top: Casevac training in
the High Alps for the 2nd
Company.*

Page 39 en bas :
para, mais également
légionnaire et fier de l'être.

*P. 39 bottom: Once a
légionnaire, always a
légionnaire, and proud of it.*

De plus, même si le régiment n'est pas en mission outre-mer, les légionnaires-parachutistes effectuent sans interruption des stages et exercices hors de France, faisant ainsi des soldats surentraînés aptes à intervenir sous tous les types de climat, de la jungle tropicale au désert en passant par la haute montagne.

2nd FOREIGN PARACHUTE RGT

The 2nd Foreign Parachute Regiment won fame on 19 May 1978 when they jumped over the Congolese town of Kolwezi. Isolated in unknown territory, deployed at the shortest notice without much of their heavy resources, the Foreign Legion paras saved scores of hostages from a grisly death, their training and hardihood making up for lack of material means in the first days of the operation. This unique regiment, combining the traditional rigour of the Legion with the flexibility of the paras, is the only one to wear the badge of the airborne troops on the green beret of the Legion.

Its professionalism, and its geographical position on Corsica, make this the division's — and probably, the French Army's — premier rapid-intervention unit. Its structure is the same as that of the other regiments; but its companies additionally specialise in certain techniques : 1st — anti-tank, night, and urban combat; 2nd — mountain combat; 3rd — amphibious operations; 4th — sabotage and sniping.

Even when the regiment is not on an overseas posting, a relentless series of exercises outside France keeps its soldiers — from 51 different nations — honed to a perfect edge. More than half its effective strength have achieved corporal's rank, allowing a 'buddy' system which pairs a junior NCO with each young Légionnaire.

LE 3ᵉ RPIMa
3ᵉ régiment parachutiste d'infanterie de marine

A squad from the 3rd mount an assault during training near their Carcassonne base.

Non loin des fameux remparts de Carcassonne, une section du 3ᵉ RPIMa monte à l'assaut lors d'un entraînement.

Intégré au GAP, le 3ᵉ RPIMa est l'une des unités "choc" de l'Armée Française. Issu du 3ᵉ Bataillon de l'Air qui fut la seule unité constituée française à effectuer un saut opérationnel à la fin de la Seconde Guerre mondiale, on peut le considérer, avec le 1ᵉʳ RCP, comme un des plus anciens régiments de tradition parachutiste.

Actuellement, le 3ᵉ RPIMa caserné sous les remparts de Carcassonne quitte très souvent cette ville chargée de symboles, pour effectuer des opérations outre-mer.

Quoi qu'il arrive, les "professionnels" du 3ᵉ RPIMa sont toujours prêts à "boucler le sac" pour respecter la devise que le colonel Bigeard leur avait donnée : *"Etre et durer !"*.

◄
Coiffé de la célèbre casquette "Bigeard", ce tireur LRAC du 3ᵉ RPIMa attend sa cible.

A bazooka-man of the 3rd, wearing the paratroopers' famous 'Bigeard cap' invented by their old colonel.

Un héros méconnu

Tchad 1978. Une fois de plus, les frères ennemis tchadiens s'affrontent. Dans le cadre de l'opération Tacaud, la France respecte ses engagements et, par la présence de ses troupes, empêche la main-mise de l'envahisseur sur le pays.

A Abéché, le 3ᵉ RPIMa et le RICM (Régiment d'Infanterie et Chars de Marine) affrontent les bandes rebelles soutenues par la Libye. Au cours d'un engagement, un camion français transportant des munitions de 90 mm pour les AML du RICM est touché et prend feu.

— *S'il explose ici, il va y avoir de la casse*, pense un sergent du "3".

Sans hésiter, le sous-officier fonce, entre dans la cabine léchée par les flammes et conduit la bombe roulante à l'écart. Le sergent gicle du véhicule et effectue un roulé-boulé quelques secondes avant l'explosion. Il s'en tirera avec quelques brûlures.

3rd MARINE PARACHUTE INFANTRY RGT

The 3rd Marine Parachute Infantry Regiment is one of the Army's 'shock' units; with the 1st Para-Chasseurs, it can trace its origins back to the birth of France's parachute arm in World War 2.

Based at Carcassonne, the regiment carries out frequent overseas operations. The 'professionals' of the 3rd Marine Paras remain faithful to the motto given them by their legendary Colonel Bigeard: *'Be there; and endure!'*

During operations in Chad in 1978, when men of the regiment faced dissident troops supported by Libya, a sergeant of the 3rd distinguished himself by leaping into a blazing truck full of 90 mm shells and driving it out of the position, hurling himself to safety seconds before it exploded.

► **Un para-colo du 3ᵉ RPIMa garde un pont en Nouvelle-Calédonie durant les événements en 1985. (SIRPA).**

A para of the 3rd guards a bridge in New Caledonia during the unrest on that island in 1985. (SIRPA).

41

LE 8e RPIMa
8e régiment parachutiste d'infanterie de marine

Premier régiment de Bérets Rouges à être professionnalisé, le 8e RPIMa peut être considéré comme une unité de "durs à cuire". Régiment jeune, il serait avec le 2e REP et le 3e RPIMa, l'un des trois premiers à être au feu dans le cadre d'une intervention française.

En trente ans d'existence, le "8" s'est vu engagé dans tous les combats que la France a soutenus.

Dans l'histoire contemporaine, le 8e RPIMa sera cité à l'ordre de l'armée pour son intervention dans le cadre de la FINUL au Liban. Pris entre deux feux, lors de l'opération israëlienne Paix en Galilée", le 8e RPIMa accomplira son devoir et il faudra beaucoup d'astuces aux Bérets Rouges du "8" pour effectuer leur travail de soldats de la Paix.

8th MARINE PARACHUTE INFANTRY RGT

The 8th Marine Parachute Infantry was the first regiment of 'Red Berets' to be organised with 100 % career personnel. Though a young unit, its reputation as 'hard as leather' has been earned over 30 years of participation in all France's overseas operations. The 8th was awarded a citation in Army Orders for its service with the UNIFIL force in Lebanon. Caught between two fires — the IDF and their client militia on one side, the Palestinians on the other — the 8th accomplished a difficult mission with maturity and restraint.

On one occasion in 1978 the coolness of two jeep-loads of paras, who refused to leave a position between heavily-armed units of Fedayeen and Fijian UN troops, averted serious bloodshed. When their mission demands, the paras can be peace-makers too.

Soldats de la Paix

Sud-Liban, 1978. Avec d'autres contingents de l'ONU, les Casques Bleus du 8e RPIMa tentent de s'interposer au milieu des différentes factions libanaises qui s'entredéchirent. Ce matin-là, deux Jeeps du "8" patrouillent. Dans l'une d'elles, un officier de liaison libanais capte des messages radio en arabe.

— *Vite ..., les Palestiniens veulent attaquer les Fidjiens de l'ONU !*

Le sous-officier commandant la patrouille n'hésite pas. En quelques instants, ses hommes sautent des véhicules et se placent en position défensive près d'un carrefour menant au poste des Casques Bleus fidjiens.

Il est temps car de longues files de Feddayins équipés d'armes lourdes approchent. Les Fidjiens qui ne sont pas des tendres ne semblent pas du tout disposés à se laisser faire. Au milieu ... les Français. Ceux-ci ne bougeront pas d'un pouce et ne laisseront passer personne. Devant tant de détermination, les Palestiniens décrochent.

Par sa seule fermeté, une poignée de "Colos" du "8" a empêché un carnage.

▲
Jeune para de la Compagnie d'Appui du 8e RPIMa lors de l'exercice Milan 1987. Il est équipé du coupe-vent camouflé, non réglementaire mais couramment porté dans les unités.

Operation 'Milan', 1987: a young para of the 8th's support company, wearing the non-regulation but popular 'Salik' camouflaged windproof.

◀
Au Sud-Liban en 1982, les paras du 8e RPIMa effectuent un contrôle de véhicule au passage d'un poste de la FINUL. (SIRPA).

South Lebanon, 1982; wearing the blue berets of UNIFIL, men of the 8th man a roadblock. (SIRPA).

LE 7e RPCS
7e régiment parachutiste de commandement et de soutien

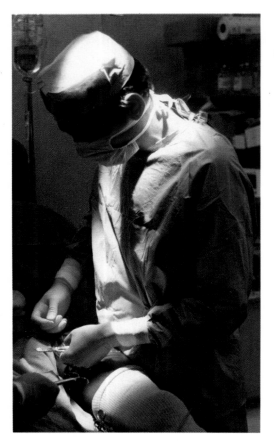

Le meilleur soldat du monde ne peut rien s'il n'est pas efficacement soutenu. Munitions, vivres et ordres doivent lui arriver dans les plus brefs délais.

Transmettre, ravitailler, réparer et soigner, telle est la dure tâche du 7e RPCS, héritier des traditions du fameux 7e Bataillon Colonial de Commandos Parachutistes qui gagnera deux citations en Indochine.

Pour assurer le soutien logistique du GAP, le 7e RPCS dispose des unités élémentaires suivantes :
— une compagnie de commandement;
— une compagnie de transmission parachutiste;
— un escadron de circulation et de transport;
— un groupe de réparation du matériel;
— un groupe d'instruction;
— une antenne chirurgicale parachutiste.

7th PARA COMMAND & SERVICES RGT

The best soldier in the world cannot operate without lines of communication and resupply. The demanding task of the 7th Parachute Command & Services Regiment is to transport, replace, repair, and maintain all the needs of the 'teeth' units in action. This airborne logistical regiment, which inherited the proud traditions of the 7th Colonial Para-Commando Battalion of the Indochina War, comprises a command company; a parachute supply company; a transport and traffic company; a repair company; an instruction platoon; and a parachute medical unit.

Lors de l'Opération Silure au Tchad (1984), intervention d'un chirurgien du 7e RPCS.

A surgeon of the 7th at work during Operation 'Silure', Chad, 1984.

Page 45 : sur la zone de saut de Pamier, lors d'un exercice de compagnie, un para du 9e RCP assure la protection d'un fardier Lohr armé d'une mitrailleuse de 12,7 mm.

P. 45: During a company exercise, a soldier of the 9th Para-Chasseurs and a Fardier Lohr armed with a Browning M2 defend the DZ.

Bérets Rouges du 7e RPCS au travail sur une Jeep du 9e RCP, lors de l'exercice Milan 87.

Paras of the 7th work on a jeep of the 9th Para-Chasseurs during Operating 'Milan', 1987.

LES AUTRES UNITES DE LA 11e DP

OTHER UNITS OF THE 11th PARA DIV.

Training in street-fighting at Mailly camp, a VBL of the 1st follows up a flamethrower operator of the 17th Para-Engineers.

LE 1ᵉʳ RCP

Composé d'appelés, mais encadré par de solides professionnels, le 1ᵉʳ RCP est le plus vieux régiment parachutiste de l'Armée Française puisqu'il descend en droite ligne des 601ᵉ et 602ᵉ Compagnies d'Infanterie de l'Air créées en 1937. En souvenir de ces temps héroïques, les paras du 1ᵉʳ RCP ont gardé les pattes d'épaule bleues frappées du "Charognard" de l'Armée de l'Air.

Les appelés du "1ᵉʳ" n'ont guère le temps de chômer. Bien que le Régiment n'appartienne pas au GAP, le "1ᵉʳ" est sans arrêt sur la brèche : manœuvres en Centre-Europe ou en Espagne, compagnie tournante à La Réunion ou plus récemment en Nouvelle-Calédonie, camp de tir et centre d'entraînement commando sont le lot quotidien du Régiment.

Actuellement, la Compagnie d'Eclairage et d'Appui est chargée d'expérimenter sur le terrain le VBL (Véhicule Blindé Léger).

Vision dantesque que cet entraînement au combat urbain dans le camp de Mailly. Un VBL du 1ᵉʳ RCP appuie un tireur lance-flammes .

P. 47 top: A conscript of the 1st, proud to wear the red beret.

Page 47 en haut : un appelé du 1ᵉʳ RCP, très fier de porter le béret rouge.

Page 47 en bas : lors de l'exercice Galia 88 en Espagne, une section antichars du 1ᵉʳ RCP armée d'un Milan a pris position derrière de maigres couverts.

P. 47 bottom: 'Galia 88', Spain: a Milan anti-tank team of the 1st takes up a firing position in thin cover.

46

1st PARACHUTE CHASSEURS RGT

Largely composed of national service conscripts, around a solid backbone of professionals, the 1st Parachute-Chasseurs Regiment is the French Army's oldest para unit, tracing its origins to the 601st and 602nd Air-Infantry Companies of 1937. In memory of those heroic pioneers, the regiment wears the blue shoulder-boards and gold eagle of the Air Force.

Although the 1st is not part of the GAP, its paras do not lead a life of leisure. Manœuvres in Central Europe and Spain alternate with the rotation of companies to Reunion Island or New Caledonia, and there are frequent courses and special training programmes. The Recce & Support Co. is currently trialling the new VBL vehicle.

Le drame de "Drakkar"

En 1983, un régiment de marche, le 6e RIP (Régiment d'Infanterie Parachutiste) composé de trois compagnies appartenant respectivement aux 1er et 9e RCP et au 6e RPIMa, est créé pour servir au sein de la Force Multinationale de Sécurité à Beyrouth. Dans le cadre de l'opération Diodon IV, la 3e Compagnie du 1er RCP installe son PC dans l'immeuble Drakkar.

Le 23 octobre 1983, le bâtiment est soufflé par une explosion. Dans cet attentat, aussi lâche qu'odieux, 53 Bérets Rouges du 1er RCP et trois du 9e RCP perdent la vie alors qu'ils participaient à une mission de paix.

The horror of 'Drakkar'

In 1983 a temporary March Regiment, the '6th Parachute Infantry', was created to serve with the Multinational Force in Lebanon; its three companies came from the 1st and 9th Para-Chasseurs and 6th Marine Paras respectively. The 3rd Co., 1st Para-Chasseurs installed its command post in the building code-named 'Drakkar'. On 23 October the block was ripped apart by a massive bomb: 53 'Red Berets' of the 1st, and three of the 9th, lost their lives while carrying out an entirely peaceful mission.

LE 9e RCP
9e régiment de chasseurs para

De toute la Division, le 9e RCP est sans doute le régiment qui a le plus les faveurs du grand public. Ses parachutistes sont des appelés, effectuant éventuellement un service long (deux ans).

Le jeune Français qui sert au "9" peut être sûr que son service militaire ne comptera pas de temps morts. On retrouve souvent les chasseurs parachutistes du "9" avec les Fallschirmjägers lors des exercices franco-allemands Colibri ou avec les paras espagnols lors des manœuvres Gallia ou Iberia.

Le 9e RCP est, au niveau appelés, un des "régiments-vitrines" de la Division sur le théâtre d'opérations centre-européen. Cela n'a néanmoins pas empêché les paras du "9" de se retrouver au Liban, à La Réunion ou en Nouvelle-Calédonie.

Visage camouflé pour ce sous-officier du 9e RCP. Après l'exercice, il vient de retirer son casque pour coiffer le béret rouge.

Face still smeared with camouflage cream, an NCO of the 9th takes the first opportunity at the end of an exercise to swap his helmet for his red beret.

9th PARACHUTE CHASSEURS RGT

The 9th Parachute-Chasseurs Regiment is a 'showcase' unit both for inter-allied co-operation in Central Europe, and in the eyes of the French public at large. It is composed of young conscripts who opt for a long, two-year hitch. They are often seen taking part in the Franco-German 'Kolibri' exercises alongside the German *Fallschirmjäger*, or with the Spanish *Paracaidistas* in the 'Galia' and 'Iberia' manœuvres. They also find themselves periodically posted to Reunion Island or New Caledonia.

12 October 1983: on the track between Mao and Dokora, a VLRA truck pushes a bogged jeep, watched by a team of special forces personnel drawn from the 1st Marine Paras and 13th Para-Dragoons. (SIRPA).

LE 1er RPIMa

1er régiment parachutiste d'infanterie de marine

Basé à Bayonne et héritier des traditions SAS, le 1er RPIMa est une unité 50 particulière chargée des missions de reconnaissance et d'action dans la profondeur du dispositif ennemi. Par petits groupes, les Bérets Rouges hautement professionnalisés sont entraînés pour opérer loin derrière les lignes ennemies. Les hommes qui composent le Régiment sont des paras d'élite, initiés à l'utilisation des matériels les plus sophistiqués, tout en étant capables de survivre dans les pires conditions.

Le 1er RPIMa comprend trois compagnies de combat et une compagnie d'instruction. Il forme lui-même ses combattants et participe également à l'instruction des troupes d'élite des pays amis de la France.

Les informations sur le matériel utilisé et les effectifs sont classifiées et très peu de détails filtrent sur les opérations menées par le Régiment. On peut cependant affirmer que la mise en place initiale de l'opération Manta au Tchad fut l'œuvre du 1er RPIMa et que ses Bérets Rouges très spéciaux contribuèrent certainement avec leurs camarades parachutistes des autres régiments au succès des armes tchadiennes sur l'agresseur libyen lors de la reconquête du pays.

1st MARINE PARACHUTE INFANTRY RGT

Based at Bayonne, the 1st Marine Parachute Infantry Regiment inherited the traditions of the French SAS battalions of World War 2 and the early campaigns in Indochina. It is particularly tasked with deep penetration missions; its paras are trained to a high standard to operate in small groups behind enemy lines. The men who make up this regular regiment are an élite within an élite, capable of surviving in the worst conditions, and of getting the most out of the most sophisticated equipment.

The 1st Marine Paras have three rifle companies, and an instruction company which trains not only the men of the regiment, but also special troops from allied armies. The strength, equipment, and operations of the regiment are all classified; but it is safe to say that the 1st Marine Paras played an important part in the initial stages of Operation 'Manta' in 1983, when the paras were successfully deployed to assist the Chadian forces in resisting Libyan aggression.

Professionnels des missions spéciales, les paras du 1er RPIMa assurent l'instruction des armées étrangères dans le cadre de la coopération. Ici, un instructeur au Tchad en 1983. (SIRPA). ▼

A special missions instructor of the 1st Marine Paras shares his expertise: Chad, 1983. (SIRPA).

▲ **Le 12 octobre 1983, sur la piste entre Mao et Dokora, une Jeep ensablée est poussée par un VLRA. A son bord, une équipe très spéciale composée d'éléments du 1er RPIMa et du 13e RDP. (SIRPA).**

LE 6ᵉ RPIMa
6ᵉ régiment para d'infanterie de marine

6th MARINE PARACHUTE INFANTRY RGT

Héritier du prestigieux 6ᵉ Bataillon de Parachutistes Coloniaux commandé par le futur général Bigeard en Indochine, le 6ᵉ RPIMa est actuellement la seule unité de parachutistes "colos" dans laquelle servent des appelés.

Egalement fidèle à sa vocation de troupe de marine, le "6" est principalement destiné à opérer outre-mer. Durant ces dernières années, le Régiment a été envoyé en mission au Liban, au Gabon, à La Réunion et en Nouvelle-Calédonie.

Au Liban, les paras du "6" rempliront des milliers de sacs de sable pour construire les positions défensives de la FINUL. Ce travail de fourmi se révèlera payant puisque le 9ᵉ RCP, qui occupera lors d'une relève ces mêmes emplacements, subira avec un minimum de perte, des tirs intensifs de roquettes et de mortiers. Aujourd'hui comme hier, les appelés au béret rouge frappé de l'ancre de marine ne pensent qu'à une seule chose: "se surpasser".

The 6th Marine Parachute Infantry are the inheritors of the proud tradition created in Indochina by the 6th Colonial Parachute Battalion led by the future General Bigeard. Currently the regiment is the only unit of para-'Colos' (as the renamed Marine troops still style themselves) which accepts conscripts. Principally tasked with overseas missions, the 6th have served in recent years in Lebanon, Gabon, on Reunion and New Caledonia.

In Lebanon the paras of the 6th patiently filled thousands of sandbags to construct UNIFIL's defensive positions — an unglamorous task greatly appreciated by their comrades of the 9th, who later occupied the same burrows with minimal losses despite heavy rocket and mortar fire. Today, as always, the conscripts who wear the red beret badged with the Marine anchor have only one ambition: to prove themselves by going that extra mile.

In New Caledonia the 6th proved their maturity in a tense situation, winning the 'hearts and minds' of an often resentful population. A combinaison of proper firmness, with a willingness to respect the customs of the people and to help out with their daily tasks, won dividends.

◄
Ce tireur d'élite du "6" arbore sur son béret le poignard ailé frappé de l'ancre de marine propre aux paras de la Coloniale.

The paras of 'la Coloniale' — a name which lives on, despite the official renaming of this branch of service as 'Marines' — wear the red beret with a badge combining the Colonial anchor with the winged dagger of the 'Metro' and Legion paras.

▶
Lors de l'exercice Colibri 88, le 6ᵉ RPIMa et les hussards-paras travaillent ensemble. Dans un environnement boisé, toujours dangereux pour les blindés, les voltigeurs de pointe du "6" explorent les bas-côtés qui pourraient révéler des surprises.

The 6th working with troopers of the 1st Para-Hussars during exercise 'Colibri' in 1988. The infantrymen take point in wooded terrain, seeking out any surprises awaiting the armour, always vulnerable under these conditions.

Nouvelle-Calédonie : le "6" et la coutume

Le lieutenant est heureux. Pour le départ de sa section, tous les notables de la tribu sont là. Ce n'était pas le cas à l'arrivée du détachement, trois semaines plus tôt.

Après avoir crapahuté dans la brousse, les paras avaient bivouaqué près de ce petit village de la côte est de Nouvelle-Calédonie.

Ils avaient respecté la coutume, offert des cadeaux au "petit chef" et aidé la population à ses tâches quotidiennes. Ne cédant pas aux provocations des "ultras", ils restèrent fermes et prêts à se faire respecter. Peu à peu, la méfiance fit place à la confiance.

Maintenant ils partent. Dans le village, les notables savent qu'ils peuvent désormais compter sur la France. Les paras du "6" ont su gagner les cœurs.

LE 1ᵉʳ RHP
1ᵉʳ régiment de hussards parachutistes

Le 1ᵉʳ Régiment de Hussards Parachutistes est un des régiments les plus prestigieux de l'Armée Française, puisqu'il allie la fougue et le sens des traditions du cavalier à la souplesse d'emploi du parachutiste.

Actuellement basé à Tarbes, le Régiment est le poing blindé de la 11ᵉ DP. Ses 36 blindés légers ERC-90 Sagaie et ses 24 Jeeps Milan renseignent la Division sur les mouvements de l'ennemi et cassent du char. Et cela, parmi les paras, seul le RHP peut le faire à grande échelle, pouvant mener si nécessaire de fulgurantes contre-attaques.

En cas de besoin, Sagaies et Jeeps épaulent les unités d'infanterie de la Division. Pour une intervention, les Jeeps Milan seraient larguées dans les premières vagues, tandis que les Sagaies seraient déployées par poser d'assaut de Transall.

En plus des techniques bien spécifiques du travail "en tourelle", les Hussards restent des paras et sautent en moyenne 12 fois par an.

1st PARACHUTE HUSSARS RGT

The 1st Parachute Hussar Regiment is one of the most prestigious units in the army, combining the traditional style of the light cavalry with the modern flexibility of the paratroopers. Based at Tarbes, it provides the armoured punch of the 11th Para Div., capable of tracking and resisting enemy movements with its 24 Jeep-mounted Milan launchers and its 36 ERC-90 Sagaie armoured cars.

54

**Coopération entre l'ALAT
et les hussards-
parachutistes. Une Sagaie
est survolée par un
hélicoptère antichars
Gazelle. Ce genre
d'équipe pourrait infliger
des pertes sévères à un
adversaire mécanisé.**

*Ground-air co-operation is a
potent threat to a mechanised
enemy; here a Gazelle A/T
helicopter teams up with a
Sagaie of the Para-Hussars.*

**Dans l'immensité du
désert tchadien, lors de
l'Opération Epervier, une
Sagaie veille. De l'autre
côté de la crête, l'ennemi
peut-être épié.**

*A Sagaie armoured car
watches a crest line in the
menacing wilderness of Chad.*

**Chef de char Sagaie du
1ᵉʳ RHP lors de
l'exercice franco-allemand
Colibri. Le visage de
l'homme est marqué par
la fatigue et la tension
d'une manœuvre en
conditions très réalistes.**

*Sagaie commander, photographed
during a Franco-German
'Colibri' exercise; his face
hints at the fatigue and tension
of these highly realistic war-
games.*

Une Sagaie en pleine vitesse lors d'un parcours de combat. Un entraînement permanent et de fréquentes campagnes de tirs permettent aux hussards-parachutistes de maîtriser parfaitement leurs montures mécaniques.

A sagaie at full speed during a combat driving course.

Le 1ᵉʳ RHP comporte :
— un escadron de commandement et de soutien qui comprend également les CRAP et une équipe de protection antiaérienne;
— trois escadrons de reconnaissance sur ERC-90 Sagaie;
— un escadron antichars sur Jeeps Milan, en voie de remplacement (1989) par des VBL;
— deux escadrons d'instruction.
Soit au total, 36 Sagaies, 24 Jeeps Milan et 6 canons de 20 mm AA.

The regiment consists of an HQ & Services squadron, which includes a commando section and a six-cannon anti-aircraft defence section; three recce squadrons of Sagaie six-wheeled armoured cars, armed with 90 mm guns; an anti-tank squadron with Milan missile launchers, currently replacing its jeeps with VBL armoured vehicles; and two training squadrons.

Jeep et Sagaie prêtes à foncer durant Colibri 88. Les chevaux ont disparu, mais le souffle épique des charges d'autrefois est toujours présent au 1ᵉʳ RHP.

Jeep and Sagaie ready to advance during 'Colibri 88'. The horses are long gone; but the Para-Hussars keep alive the light cavalry traditions of agility and audacity.

LE 14ᵉ RPCS
14ᵉ régiment parachutiste de commandement et de soutien

Assurant le soutien logistique de la 11ᵉ DP dans des conditions identiques à celles du 7ᵉ RPCS (voir page 44), le 14ᵉ RPCS est quant à lui l'héritier du fameux "brave 14ᵉ de Ligne" qui s'illustra dans toutes les campagnes de l'Armée Française. L'histoire plus récente du Régiment en avait déjà fait une unité à béret rouge, avec le "14ᵉ Régiment d'Infanterie Parachutiste de Choc" (1952-54), devenu "14ᵉ RCP" (1956-61).

De nos jours, le 14ᵉ RPCS fournit ravitaillements, ateliers de réparation, moyens de communication notamment grâce au système RITA à toute la Division, et cela partout où celle-ci est déployée. Sa composition est la même que celle du 7ᵉ RPCS.

Montage d'une antenne PC par des éléments du 14ᵉ RPCS. La guerre se gagne aussi sur les ondes !

Men of the 14th rig a radio aerial for a command post.

14th PARACHUTE COMMAND & SERVICES RGT

The 14th Para Command & Services Regt. provides for the division as a whole the same logistic back-up as performed for the Airborne Group by its sister-unit, the 7th. The 14th can trace its airborne lineage back through the 14th Para-Chasseurs of the Algerian War, to the 14th Para Assault Regt. in 1952-54. Today, the 14th handles resupply, workshop facilities, and communications, notably with the RITA system. Its composition mirrors that of the 7th (see p. 44); and it deploys everywhere the division's fighting units are to be found.

Grâce à ses 36 tubes, le 35e RAP est à même de fournir un appui-feu considérable à la Division.

Les artilleurs parachutistes sont polyvalents et capables de servir aussi bien le mortier lourd de 120 mm que l'obusier HM-2 de 105 mm, d'origine US. Ces deux matériels sont en dotation à raison de 6 pièces par batterie.

La 4e Batterie comprend 18 canons antiaériens de 20 mm et bientôt le tout nouveau missile Mistral qui assurera la couverture antiaérienne de la Division.

La grande caractéristique du 35e RAP est sa mobilité. Toutes les pièces peuvent être déployées par la troisième dimension. Les artilleurs paras pratiquent également le raid-mortier à l'aide des Puma de l'ALAT. Grâce à l'hélicoptère, une batterie est capable de se mettre en position, de tirer une trentaine de coups et de se replier en moins de 13 minutes.

Le "35" peut également se voir confier des missions de renseignement par l'intermédiaire de ses équipes CRAP ou par ses radars Rasit qui peuvent détecter les véhicules en mouvement à plus de 30 km.

Pour la forme physique, le nombre de sauts et les engagements outre-mer, les artilleurs parachutistes n'ont rien à envier aux fantassins. *"Droit devant"*, la devise du "35", n'est pas une sinécure pour les artilleurs au béret rouge.

LE 35e RAP 35e régime

35th PARACHUTE ARTILLERY RGT

The 35th Para-Artillery, with its 36 'tubes', provides the 11th Para Div. with considerable supporting firepower. The para-gunners boast the same standards of fitness, the same regime of jumps, and the same availability for overseas postings as the para-infantrymen, and live up to their motto, 'Right up front'.

The regiment comprises : an HQ battery, including RASIT radar teams (which can detect a vehicle at 18 miles) and a commando team for deep recce; three batteries each with six tubes, either 120 mm mortars or HM-2 105 mm howitzers; a battery with 18x20 mm A/A cannon, and soon to receive the new Mistral missile; and a training battery.

▼ Cet artilleur para effectue
les dernières corrections.
Dans quelques instants,
le chef de pièce donnera
l'ordre de tir.
*Para-gunner making final range
corrections.*

l'artillerie parachutiste

◄
"Raid-mortier" pour les
pièces de 120 mm du 35e
RAP. Les artilleurs-paras
maîtrisent parfaitement
cette technique et sont
capables en moins d'un
quart d'heure de
pulvériser un objectif
adverse et de se replier
rapidement grâce aux
Puma de l'ALAT.

*'Mortar raid' by 120 mm crews.
Mobility is the key; transported
by Puma helicopters, a battery
can deploy, fire 30 rounds,
and lift off again, all inside a
quarter of an hour.*

Organisation

— Une batterie de commandement
équipée de radars Rasit et comprenant
une équipe CRAP;
— trois batteries sol-sol dotées d'obusiers
de 105 mm et de mortiers de 120 mm;
— une batterie sol-air dotée de pièces AA
de 20 mm et de lance-missiles;
— une batterie d'instruction.

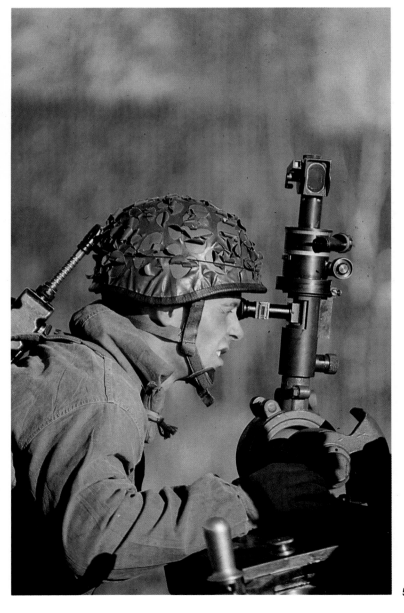

En temps de guerre, comme en intervention sur des zones où les conflits font rage, les sapeurs-parachutistes remplissent la même mission : déminer, préparer le terrain, détruire ou simplement construire.

Au Liban comme au Tchad, les sapeurs-paras ont été sans arrêt sur la brèche. Des milliers de bombes, roquettes ou obus furent ainsi désamorcés. Les caves noyées de certains immeubles à Beyrouth furent même examinées par les plongeurs. Un simple exemple, trente hectares furent déminés et 5 000 obus désamorcés par la 1ere Compagnie au Liban en quatre mois.

Au Tchad, plus de 7 000 engins explosifs ont été désarmés dans la région de Faya Largeau. Mais le prix à payer est parfois lourd : certains sapeurs-paras y ont laissé la vie, comme ces trois soldats tués par une mine télécommandée au Liban en septembre 1986.

Organisation

Seule unité de ce type au sein de l'Armée Française, le 17e RGP comprend :
— une compagnie de commandement et de service;
— une compagnie d'appui : chargée des opérations de franchissement et de génie, elle est dotée de différents engins lourds, bulldozers Caterpillar D-3, tractos chargeurs H-30, niveleuses et pelles Poclain. Avec leurs huit tonnes de moyenne, ces engins sont à la limite des possibilités de largage, mais sont néanmoins parachutables;
— trois compagnies de combat : les sol-

◄
Méticuleusement, et sous un soleil de plomb, les sapeurs-paras nettoient la grande palmeraie de Faya-Largeau au Tchad lors de l'Opération Epervier en 1987. Un des plus beaux exploits des sapeurs au béret rouge. (SIRPA).

At Faya-Largeau in Chad, 1987, para-sappers delicately probe for mines. More than 7,000 were found and neutralised. (SIRPA)

LE 17e RGP
17e régiment de génie parachutiste

dats de ces unités, engagés ou appelés, sont entraînés au maniement des explosifs et du lance-flammes, ainsi qu'au déminage;
— une compagnie d'instruction;

— une Section de Reconnaissance et d'Action Spécialisée (SRAS) qui est un CRAP spécialisé dans les missions de génie;
— un Détachement d'Intervention Nautique (DIN), spécialisé dans la préparation au franchissement et dans le sabotage en voie fluviale.

Après le saut, lors de Dicarex 87, les sapeurs-parachutistes se regroupent. Cet exercice, monté dans le cadre de la protection civile, impliquait des éléments du 17e RGP mis en œuvre dans l'hypothèse d'un tremblement de terre.

Para-sappers assemble after a drop during 'Dicarex 87'; this exercise tested the regiment's response to a call for emergency earthquake assistance to the civil administration.

▼ Une équipe de plongeurs du 17e RGP s'apprête à visiter la cave inondée d'un immeuble de Beyrouth en 1983. Les sapeurs-parachutistes français ont acquis grâce à leurs interventions outre-mer, une expérience unique au monde. (SIRPA).

A frogman team from the 17th Para-Engineers prepare to check the flooded cellars beneath a Beirut block in 1983. In war-torn Lebanon the regiment had to make safe a huge range of dangerous ordnance, including the latest Israeli cluster and flechette weapons. Three sappers were killed by a radio-triggered mine in September 1986.

A Beyrouth

Sur le visage de l'adjudant, la sueur coule à grosses gouttes. Devant lui, une masse tordue ... une bombe israëlienne bourrée de fléchettes et non explosée. Il faut la désamorcer et c'est la première fois que les sapeurs parachutistes français ont affaire à un tel engin.

— *Sale job !* pense l'adjudant.

Le quartier a bien sûr été évacué mais il faut faire vite et terminer avant 15 h 30. Parce qu'à cette heure-là, les miliciens de tous poils, après le thé et la sieste, reprennent leurs tirs ... C'est le quotidien à Beyrouth. Elle sera pourtant rapidement désamorcée cette sacrée bombe. Car en Orient, on ne peut pas perdre la face.

17th PARACHUTE ENGINEER RGT

The mission of the para-sappers, whether or not in the presence of the enemy, are demanding and often dangerous. They are responsible for mine and counter-mine warfare; ordnance disposal; demolition and obstacle clearing, and associated support tasks in urban warfare; preparation of airstrips; and a wide range of construction work. They have suffered fatalities during recent deployments to Chad and Lebanon: Beirut was a devil's garden of scattered explosives, and in one four-month period the regiment's 1st Co. cleared 75 acres and neutralised 5,000 items.

The 17th has a headquarters and services company; a support company, with a range or parachutable bulldozers and other heavy plant; three combat companies, whose mixed career and conscript sappers are trained in handling explosives, flamethrowers, and mines; a training company; a sapper-trained commando section; and an amphibious combat sapper section.

◄
Training with the flamethrower for urban warfare.

Freeing an earth-mover from its pallet after a drop during 'Dicarex 87'; this is the heaviest piece of plant which can be dropped by the Transall.

Déconditionnement d'un tracto-chargeur après son largage lors de l'exercice Dicarex 87. Cet engin est la plus lourde des charges pouvant être larguées d'un Transall.

▲
Instruction au lance-flammes, lors d'un entraînement du type combat en localité.

Les missions du 17° RGP

— Rechercher, aménager ou rétablir sommairement des terrains de poser d'assaut pour les Transall.
— Participer aux combats antichars par la réalisation d'obstacles.
— Neutralisation des destructions adverses.
— Détruire des objectifs sensibles.
— Franchir des coupures verticales ou horizontales.
— Aider la Division en combat urbain.

Unité de création récente, la BOMAP est la cheville ouvrière de la 11ᵉ DP. Ses missions relèvent de trois grandes catégories :

— elle soutient techniquement l'exécution des activités aéroportées. C'est la BOMAP par exemple qui délivre les parachutes avant le saut.

— elle participe à l'entraînement des équipages du COTAM, chargé de piloter les avions qui largueront les paras.

— elle participe également à l'élaboration de la doctrine d'emploi des troupes aéroportées.

Lors des opérations extérieures, l'Escadron de Livraison par Air détache des équipes qui conditionneront les matériels prêts à être largués et qui assureront elles-mêmes ces largages.

La BOMAP est bien sûr engagée en priorité en faveur de la 11ᵉ DP, mais elle peut également intervenir en Centre-Europe, au profit de la 1ᵉʳᵉ Armée.

Suspendu à d'énormes voilures de charge, un engin du Génie parachutiste vient d'être largué. Le délicat travail de pliage, de conditionnement et de largage a été effectué par les hommes de la BOMAP.

Under a cluster of enormous cargo 'chutes, one of the Para-Engineers' vital pieces of heavy equipment floats ponderously to earth. It is BOMAP's task to pack and prepare the load, and the canopies, for the drop.

LA BOMAP
Base opérationnelle mobile aéroportée

The night before a major airborne operation, personnel of BOMAP get no rest; here Lohr all-purpose vehicles prepared for dropping by the Air Despatch Sqn. are loaded into a Transall.

La veille des grandes OAP, l'activité est intense à la BOMAP. Ici, des fardiers Lohr conditionnés sont chargés à bord d'un Transall.

AIRMOBILE OPERATIONAL BASE

Although a newly created unit, the Airmobile Operational Base is one of the lynchpins of the 11th Para Division. Its tasks fall under three main categories. It is responsible for supplying the technical back-up for airborne operations: e.g. it is BOMAP which delivers the parachute packs before a jump.

It participates in the training of the Air Force crews who carry the paratroopers and their equipment. Finally, it pursues studies over the whole theoretical spectrum of airborne operations. Although the division's needs have priority, BOMAP can be called upon to provide its special skills for the benefit of 1st French Army in Central Europe.

Remerciements
L'auteur tient à adresser tous ses remerciements au
général commandant la 11ᵉ Division Parachutiste, à
tous les officiers, sous-officiers et militaires du rang
qui, sur le terrain, lui ont facilité l'accueil et les prises
de vue, ainsi qu'au SIRPA, pour l'iconographie
outremer.

Acknowledgements
*The Author would like to express his thanks to the General
in command of the 11th Para Division, his officers, NCO's
and men for their kind assistance in the preparation of this
book, and also to the SIRPA for overseas photos.*

ⓒCopyright 1989 Histoire & Collections/Windrow
& Greene Pub. Ltd.

Toute reproduction, même partielle, de cet ouvrage
est interdite sans l'autorisation préalable et écrite de
l'éditeur.

ISBN : 2-908182-00-9
Numéro d'éditeur : 2-908182

Dépôt légal : 4ᵉ trimestre 1989

Filmé en France par Scipe (photocomposition) et
Ozaland (photogravure).
Imprimé en Italie par Vincenzo Bona, Turin.

Achevé d'imprimer le 1ᵉʳ octobre 1989

British Library Cataloguing in Publication Data
Debay, Yves
    Paras : French paratroops today. Europa Militaria; I.
    1. France, Armee airborne forces
    I. Title II. Series
    356'. 166'0944

ISBN 1-872004-05-9